PRÉCIS

DE

DROIT POLITIQUE,

DÉDIÉ A LA SOCIÉTÉ

DES

DROITS DE L'HOMME ET DU CITOYEN.

Par le Citoyen Eugène DÉPERCY.

BESANÇON.

—

1834.

AVANT-PROPOS.

LA partie spéculative d'une science, la *théorie*, n'est autre chose que l'exposé des règles à suivre pour atteindre l'objet *positif* qu'elle se propose.

C'est donc une grave erreur que de prétendre qu'une théorie soit impraticable quand la raison l'a approuvée. Aussi, sans prendre en considération les préjugés opiniâtres qu'a laissés une éducation faite sous l'influence de gouvernemens pervers et corrupteurs, nous allons poser hardiment les seuls principes qui puissent servir de base à l'édification de tout système social dont l'homme attendra la liberté, le bien-être.

PRÉCIS

DE

DROIT POLITIQUE.

DES SOCIÉTÉS.

L'homme est né libre et indépendant. La nature n'a
assigné d'autres bornes à sa liberté que ses forces individuelles, et à son indépendance que les nécessités du
jeune âge où sa faiblesse réclame les soins et l'assistance
de ceux qui lui ont donné la vie.

Hormis ces deux situations, répétons-le, — où sa
volonté rencontre un obstacle que ses forces ne peuvent
surmonter, — où son impuissance presque absolue le
livre à la merci de ses semblables et exige une protection étrangère, l'homme jouit d'une liberté d'action et
d'une indépendance illimitées.

Dans l'état de nature on ne connaît pas cette maxime
purement sociale : *Ne fais pas aux autres ce que tu ne
voudrais pas que l'on te fît,* et la guerre d'homme à homme
n'est pas moins morale que sous le régime social elle
ne l'est de puissance à puissance : car dans ces deux
manières d'être, l'homme, en faisant la guerre, a toujours pour fin soit directe, soit indirecte, sa conserva-
tion.

Mais son isolement ne lui permettait d'exercer sur
tout ce qui existait hors de lui qu'une action très limitée

1

et souvent insuffisante pour remplir les conditions d'ex'stence que lui avait prescrites la nature.

La réflexion et le raisonnement dont celle-ci l'avait doué d'une manière privilégiée parmi tous les êtres vivans, lui ont fait comprendre que, si la plupart du temps ses forces individuelles étaient contraintes de céder à la puissance supérieure des obstacles qui s'opposaient à l'accomplissement de sa volonté, il pourrait les surmonter si, à ses propres forces, il ajoutait plus que la différence qui se trouvait entre celles-ci et la résistance de ces obstacles.

Cette somme de forces qu'il s'agissait de compléter, l'homme la cherchait et la trouvait naturellement dans ceux de ses semblables qui, ayant un intérêt commun, étaient mus d'une même volonté, et, de leur côté, sentaient également et l'insuffisance de leurs facultés individuelles, et la nécessité de les accroître de forces étrangères.

Ainsi ont été conçues les premières idées d'*Association* ou de *Société*.

L'homme s'aperçut bien qu'en s'associant il perdait sa liberté et son indépendance *absolues*, mais les dédommagemens devaient compenser au-delà ce sacrifice; et si, d'un côté, il se liait vis-à-vis de ses co associés, les engagemens réciproques de ceux-ci augmentaient sous un autre point de vue sa liberté et son indépendance réelles; car ils lui prêtaient une action plus puissante sur les causes externes qui l'avaient si souvent réduit à se soumettre à leur supériorité.

Les avantages si palpables qu'il recueillait de l'association ont dû l'engager à ne plus rien entreprendre désormais sans s'associer.

L'on conçoit que des hommes dont les efforts unis dans un certain objet ont été couronnés d'un succès qui dépassait même leurs espérances, ont dû désirer de les réunir encore pour un autre objet qui se présenterait immédiatement après que le premier a été rempli. De là une habitude de travailler en commun qui portera les associés à donner à leur société un but permanent : celui de satisfaire plus facilement à tous les besoins de chacun.

A l'époque où l'on s'aperçut généralement des avantages qu'offrait l'état d'association, où, bien plus, l'on sentit qu'il devenait un besoin afin d'être soi-même aussi fort que ceux qui y vivaient, on dut voir surgir de toutes parts de nouvelles associations, nécessairement très faibles et inégales en nombre. Mais la guerre qui précédemment avait eu lieu d'homme à homme se faisait désormais d'association à association, lorsque l'une mettait obstacle à l'autre contre l'accomplissement de projets résolus par chacune en sens inverse, ou lorsque toutes deux voulaient exclusivement posséder une chose. La plus nombreuse écrasait la plus faible. Alors il arriva que le même raisonnement qui avait conseillé aux individus l'association, engagea les sociétés trop faibles à se réunir afin de devenir plus puissantes.

Ainsi ont été formées les grandes sociétés ou *Nations*.

Une immense puissance d'action devait résulter de ces associations nouvelles, puisque cette puissance était égale à la somme des forces individuelles qu'elles comptaient dans leur sein. Toutefois une condition devait indispensablement être remplie, à savoir : que l'action de chacune de ces forces fût dirigée de manière à produire non pas ce qu'on appellerait en dynamique

un système de forces opposées ou divergentes, mais
une résultante de forces parallèles; car il est clair que
dans le premier cas la plupart de ces forces s'entre-dé-
truisant ou s'égarant dans de fausses directions, la résultante serait incomparablement moins énergique que
dans le second.

Afin d'obtenir ce parallélisme et son énergique résultante, ou, pour rentrer dans le langage ordinaire, cette
similitude de direction, cet ensemble, cette unité dans
les efforts de tous les associés et les heureux résultats qui
devaient en naître, la société vit bien qu'il était nécessaire que chacun d'eux eût sa règle de conduite, la
même pour tous.

Dans une semblable disposition des esprits, un homme
profondément inspiré, saisissant parfaitement d'un vaste
coup-d'œil les rapports qui existent ou doivent exister
entre les membres de la société, se propose à ses co-
associés pour leur tracer cette règle. Les acclamations
de ceux-ci le désignent pour législateur, et quelquefois
il grave ces institutions durables qui ont immortalisé les
Moïse, les Lycurgue, les Solon, les Mahomet.

Dans ces commencemens difficiles d'organisation du
corps social, il convient que le législateur soit investi
d'une autorité très étendue. Il est chef suprême et ab-
solu. Mais son autorité n'est ni suspecte, ni odieuse,
car elle ne s'exerce qu'au profit de la société tout entière. A cette époque l'on ne connaît pas encore d'inégalité dans la position des associés; ils ne sont pas encore classés en castes dont les unes jouissent de priviléges exclusifs. Chacun apportant sa part d'efforts,
quoique d'une nature diverse selon le rôle actif qui lui
fut prescrit, acquiert dans le dividende, composé des

avantages obtenus , une part égale à l'unité fractionnaire
qu'il représente dans la société. Aussi chaque associé
n'aperçoit-il ce qui lui est bon et utile, que dans ce qui
est bon et utile pour tous ses co-associés. Le chef lui-
même, dans lequel la société s'est pour ainsi dire résu-
mée, personnifiée, ne voit pas son intérêt privé ailleurs
que dans l'intérêt de tous ceux qu'il gouverne. Il ne
connaît pas l'individualisme, et se considère presque
comme une personne purement morale.

Il est impossible que le pacte d'association ait tout
prévu. Les dispositions régulatrices, proposées par le législateur et sanctionnées par la société, sont loin elles-
mêmes de combler les nombreuses défectuosités qu'on
y découvre tous les jours. Aussi la volonté impérative
du chef et les dispositions législatives consacrées sont-
elles également observées. Les associés les distinguent
peu , car la première supplée à celles-ci et ne fait qu'in-
diquer plus complétement l'objet proposé à l'activité de
l'association. Il y a donc dans cet état de choses une
confusion des pouvoirs sociaux dont la nécessité n'a
pas encore commandé de définir nettement le caractère,
la portée et les bornes.

Cependant l'état de société, tout en satisfaisant les besoins actuels, en développa incessamment de nouveaux,
et ouvrit à l'activité intellectuelle de l'homme une carrière inconnue jusqu'alors, où il s'élança ardent et ambitieux. La situation respective des associés se modifia
par la complication des rapports nouveaux qui s'établi-
rent entre eux. Les dispositions législatives en vigueur
ou la volonté du chef, si elles étaient bonnes pour un
grand nombre, préjudiciaient souvent à beaucoup d'autres. Pourtant ces derniers, soit par habitude, soit par

éducation, soit par appréhension des besoins qui les as-
siégeraient dans l'isolement, étaient fort éloignés de
songer à se retirer de l'association. Ils préféraient tenter
tous les moyens possibles de ramener l'administration
des intérêts sociaux dans la voie qui leur serait la plus
avantageuse. De là cessation de l'harmonie, de l'unité,
qui avaient fait la puissance de la société par la seule et
même direction imprimée à toutes les forces individuelles; de là époque critique.

Pour sortir de la crise, il fallait trouver un moyen de
relier aussi étroitement qu'auparavant tous les associés,
en donnant satisfaction à toutes les exigences, et il était
important de se mettre promptement à l'œuvre, afin d'apporter un terme à des divisions dont pouvaient profiter
des sociétés voisines et rivales.

L'on convint donc d'ajouter au pacte social cette disposition fondamentale : « *Que les règles de conduite que*
» *devraient suivre les associés seraient arrêtées par la société*
» *tout entière, et qu'elles deviendraient obligatoires même*
» *pour les dissidens.* »

Mais du moment où l'on prévoyait le cas d'un partage
dans les suffrages, l'on devait en même temps songer à
vaincre les résistances qui, au mépris du nouveau pacte
social, éclateraient chez quelques dissidens opiniâtré-
ment attachés à leur volonté particulière, et trouble-
raient l'unanime observation de la règle commune ; car
il eût été injuste que quelques-uns, au moyen d'une opposition hostile au vœu général, fissent tourner à leur
avantage particulier les résultats obtenus par l'emploi
des forces de la société tout entière. C'eût été par trop
contraire aux idées d'égalité, si profondément enracinées
dans tous les esprits, et auxquelles on ne s'imaginait en-

core pas qu'il pût être porté la plus légère atteinte.

De là vint naturellement la création d'un pouvoir spécial, la distinction des deux pouvoirs qui allaient régir
la société et la fixation de leurs attributions respectives.

Ainsi, tandis que la société déclarait qu'elle détermi-
nerait les règles suivant lesquelles serait dirigée toute
l'activité sociale et s'établiraient les rapports entre tous
les associés, elle confiait à un ou à plusieurs d'entre ses
membres le soin de veiller à ce que nul ne s'en écartât,
et, dans le cas où on les enfreindrait, d'y ramener
de gré ou de force. Mais là elle posait les bornes de ce
pouvoir, purement d'exécution de ce qu'elle avait dé-
crété, et lui interdisait toute faculté de créer lui-même
aucune disposition générale qui fût obligatoire pour l'association.

Telles sont les diverses phases qu'ont dû plus ou moins
parcourir les sociétés humaines avant d'arriver au point
où une civilisation incomplète s'en empara pour cor-
rompre toutes les institutions et dénaturer le but de
l'association. On s'explique difficilement comment étant
elle-même le produit du développement de l'intelli-
gence, la civilisation a enfanté tant d'erreurs, et comment, au lieu de contribuer à l'amélioration morale et
matérielle de l'humanité, elle est devenue une cause et
un instrument d'oppression et de misère. Cependant on
ne peut contester que sa progression n'ait suivi aux
mêmes degrés celle de l'établissement de l'inégalité dans
la condition de l'homme. Elle a fait des fourbes qui ont
trompé les gens simples et bons ; elle a appris à l'homme
intelligent comment il parviendrait à égarer le jugement
de ceux qui possédaient moins de lumières que lui, et à

les faire travailler de leurs propres mains à leur asservissement. La civilisation a donc aussi ses époques critiques, pendant lesquelles le génie de l'homme est em-
porté dans des écarts prodigieux ; elles sont longues et
difficiles à résoudre; souvent même elle y périt au milieu de violentes convulsions, pour commencer tout de
nouveau une périlleuse carrière, à travers des obstacles
qui se sont accrus de ceux qu'elle s'est elle-même créés;
mais enfin, après avoir échappé, soit à l'aide de ses propres ressources, soit à l'aide de circonstances particulières
et inopinées, aux dangers innombrables qui menacent
son enfance et compriment son développement, elle atteint l'âge de la virilité et possède une force supérieure
à tous les obstacles qui s'opposeraient à ses progrès ul-
térieurs. Alors elle ramène les sociétés au point d'où
elle les a entraînées dans une fausse voie ; elle les conduit d'un bras sûr et puissant vers celle de la vérité et
du bonheur, et leur répète dans leur marche les leçons
de la nature qu'elles avaient oubliées.

Faisons donc abstraction de cet interrègne du régime
social, si nous cherchons les principes sur lesquels il se
fonde, de cet interrègne qui est la négation de tous
principes, de toute règle, de toute obligation. Il n'y a
plus association là où un but commun n'est pas proposé
à l'activité de tous les hommes qui vivent ensemble ; ils
ne vivent que dans un état d'agrégation irrégulière, sans
liens réciproques, sans rapports déterminés et obligés.
Ou bien, si l'on veut, ils sont associés, mais pour la servitude, mais pour travailler au bien-être de quelques-
uns. Est-ce là véritablement une association ou bien un
troupeau d'hommes ?

Intérêt commun proposé pour but à l'activité sociale,

— obligation pour tous les associés d'y concourir, — répartition égale des avantages obtenus; voilà les conditions premières et rigoureuses de toute association; voilà le point de départ où doit se placer quiconque entreprend de déterminer la nature des véritables principes sociaux.

Ce point de départ est le nôtre: voyons où il nous fera arriver.

Nous allons d'un coup d'œil rapide considérer les associés dans un triple rapport : 1° dans celui qui les place en regard les uns des autres; 2° dans celui qui place *chacun* vis-à-vis de *tous*, et *tous* vis-à-vis de *chacun;* 3° relativement au pouvoir d'exécution.

1° On ne peut concevoir que dans une société où chacun fait une même mise de fonds, savoir : toute sa liberté et son indépendance naturelles , des associés , quels qu'ils soient , puissent se trouver dans une position sociale inégale quant aux avantages qu'ils retireront de leur état d'association. Car quel est celui qui y est entré avec l'intention de laisser recueillir par d'autres une partie des dédommagemens qu'il attendait en retour du sacrifice qu'il s'imposa? Alléguerait-on que cette mise de fonds n'est plus la même si l'inégalité des aptitudes en varie la valeur, et soutiendrait-on comme conséquence que la part sur le revenu social, sur les avantages de tout genre obtenus par la société, ne doit plus être égale, mais proportionnelle? Dans les sociétés actuelles, sans aucun doute les aptitudes sont relativement inégales, et comme elles produisent chacune plus ou moins, l'argument serait bon. Mais remarquons que notre organisation sociale est tellement vicieuse qu'elles sont presque toujours forcément transportées hors de leur sphère

naturelle d'activité; que les rôles sociaux ne sont presque jamais convenablement répartis. Les aptitudes ne
sont pas toutes semblables, et cela est nécessaire à cause
de la diversité des emplois; mais elles sont égales sous
ce rapport que, si à chacune on assigne le rôle qui lui
est propre, elles deviendront toutes des agens égaux de
production. Dans une machine bien montée, tous les
rouages sont également nécessaires. — Donc *parfaite
ÉGALITÉ entre tous les associés.*

Cette égalité serait troublée, si quelques-uns étaient
en possession du droit de diriger seuls l'administration
des intérêts généraux, car ils seraient naturellement et
invinciblement entraînés à lui imprimer la seule direction que conseillerait leur avantage particulier. Afin de
s'assurer que ce sera dans un but d'intérêt commun que
l'association travaillera, tous les associés doivent être
consultés à l'effet de constater quels sont leurs besoins,
et leurs vœux relativement aux moyens d'y pourvoir. —
Donc *à chaque associé son droit de suffrage et d'intervention dans les affaires publiques.*

L'homme a perdu en s'associant, comme nous l'avons
dit plus haut, sa liberté absolue d'action, son indépendance de l'état de nature, ou plutôt il a transformé
leur caractère et a acquis une liberté et une indépendance sociales bien préférables aux premières. Il est
loin de s'être asservi par ses engagemens sociaux, car
en se donnant tout entier à tous ses co-associés, il ne
s'est donné en particulier à aucun, et nul d'entre eux
ne peut lui imposer d'obligation personnelle. — Donc
indépendance vis-à-vis de toute volonté particulière.

2° Mais lorsque la société s'est prononcée pour une
disposition régulatrice de l'activité sociale, il doit

joindre sa part d'efforts à tous ceux de ses co-associés.
— Donc *soumission et obéissance à la volonté générale.*

Si quelques-uns, envisageant leur intérêt sous un point dissemblable à celui sous lequel tous les autres ont considéré le leur, avaient droit de faire prévaloir leurs suffrages sur ceux de ces derniers, ils arriveraient évidemment à fonder une inégale répartition des avantages sociaux, ce qui est contraire au but de l'association. — Donc *prédominance de l'intérêt général et suprématie de la majorité.*

Si un associé se trouve l'objet d'une violence qui trouble la liberté et l'indépendance que lui a garanties le pacte social, la société doit aller à son secours, intervenir de toute sa puissance et anéantir la violence. — Donc *protection de* TOUS *envers* CHACUN.

3° La société ne peut pas toujours surveiller par elle-même si la volonté générale est unanimement observée. Elle charge de cette fonction un pouvoir spécial. Mais ce pouvoir, sans les personnes qui l'exerceraient, ne serait qu'une abstraction vaine. Aussi immédiatement après sa création, ou bien par une seule et même opération, elle désigne ceux des associés qui en seront investis. Notons bien que cette condition, d'être désigné par ses co-associés, est indispensable. Nul ne peut, sans commission, sans délégation préalable, s'attribuer l'autorité du commandement. Si l'un en avait le droit, tous les autres pourraient élever les mêmes prétentions. De là un désordre effroyable, une anarchie qui conduirait inévitablement la société à sa dissolution. Et d'ailleurs, en admettant même qu'il vînt à l'esprit de quelqu'un de dire à la société assemblée afin de pourvoir à l'institution d'un pouvoir d'exé-

cution : « C'est moi qui veux l'exercer, soumettez-vous ; » est-il naturel de supposer que celle-ci, courbant humblement le front à cette impérieuse intimation de l'un de ses membres, se soumettra en effet ? — Donc *élection des chefs.*

Mais ces chefs peuvent ne pas remplir leur mission ainsi que l'espérait ou l'entendait la société ; l'administration publique peut en souffrir et il est expédient de remettre le pouvoir en d'autres mains. — Donc *révocabilité dans l'exercice du pouvoir d'exécution.*

Il se peut aussi que les chefs, après un long exercice du commandement, soient portés à accroître leur autorité aux dépens des droits stipulés en faveur de chaque associé. — Donc *bornes dans la durée de cette autorité, contrôle des actes qui en ont émané, responsabilité affectée à ces actes, et autres garanties.*

Le pacte fondamental de toute société doit être en harmonie avec ces principes, qui, s'ils n'y sont pas expressément formulés, n'en ont pas moins présidé à sa rédaction et y sont tacitement compris. Ils doivent nous servir toujours de guides dans la fixation des rapports qui s'établiront soit entre les associés d'une part et les pouvoirs sociaux de l'autre, soit entre les deux pouvoirs, savoir : le souverain ou pouvoir législatif, et le gouvernement ou pouvoir exécutif.

DU SOUVERAIN,

ou

POUVOIR LÉGISLATIF.

Nous avons vu comment se sont formées les grandes sociétés ou nations, et quelle disposition nouvelle l'augmentation du nombre des associés et la complication survenue entre les intérêts privés, avaient fait placer en tête du pacte social. Ainsi nous entendrons par *nation* ou *peuple* une agrégation d'hommes associés par un pacte fondamental, tacite ou patent, qui a eu pour première base cette convention unanime : « Que *chacun* obéirait à ce que *tous* voudraient. »

Cette volonté de *tous* s'appelle LOI. La loi ou la règle de conduite obligatoire pour chacun des associés, ne peut donc être faite que par *tous* les associés.

Faisons observer ici que la volonté générale n'est pas toujours l'unanimité des suffrages, mais la *majorité* formée en recueillant les suffrages de tous les associés consultés.

Les associés une fois constitués en nation prennent le nom de *citoyens*. L'universalité des citoyens produit une personne morale qui s'appelle *cité*. La cité, dans son activité législative, c'est-à-dire lorsqu'elle exprime sa volonté qui devient la loi de l'état, s'appelle *souverain*. Il est évident que dans le souverain réside essentiellement la faculté de créer la loi, ou *le pouvoir législatif*.

L'exercice de ce pouvoir s'appelle *souveraineté*.

La souveraineté ne peut être ni aliénée, ni divisée ;

ni exercée par voie de représentation ; car la volonté
ne peut être ni aliénée, ni divisée, ni représentée.
Elle est essentiellement une et indépendante.

Le souverain ne peut jamais s'obliger ni envers lui-
même, car on ne contracte pas avec soi-même, ni
envers quelques citoyens, car ce serait subordonner
la volonté générale à une volonté particulière et faire
dépendre la première de celle-ci. Seulement il peut
s'obliger envers un souverain étranger en traitant de
puissance à puissance. Il s'établit alors entre ces deux
personnes morales un contrat semblable à celui qui
lierait deux individus.

Dans les sociétés humaines la force étant très souvent parvenue, pendant les époques critiques de la
civilisation, à se substituer au droit, on a dénaturé le
caractère du souverain, et imposé sous son nom
comme *lois* des volontés particulières que chacun
était contraint de subir et d'observer. Mais il y avait
en même temps des résistances plus ou moins énergiques de la part d'un grand nombre de citoyens dont
les vœux et les efforts tendaient à replacer les choses
dans leur état naturel et logique. Ainsi tandis que les
uns, profitant de l'ignorance et de l'aveuglement de
leurs concitoyens, réussissaient à se faire regarder
comme spécialement désignés par la divinité pour leur
tracer leur législation et les gouverner, et à fonder sur
cette croyance une autorité injuste et tyrannique, les
autres n'attribuaient la souveraineté qu'à la nation.
De là deux principes opposés et ennemis, connus sous
les noms de *souveraineté de droit divin et de souveraineté
du peuple.*

On entend par souveraineté du peuple l'exercice du

droit inhérent à toute nation de se créer ses lois et
de confier le soin de les faire exécuter aux citoyens
qui lui paraîtront dignes de cette fonction, qu'elle leur
retirera quand bon lui semblera pour la remettre à
ceux qu'elle jugera plus convenables. Sous l'empire
de ce principe, chaque membre de la nation, à qui
son âge obtient la qualité de citoyen, jouit, à ce titre,
du droit d'apporter sa volonté individuelle pour en
composer la volonté générale qui seule est la règle,
la loi.

On entend par souveraineté de droit divin le droit
que quelques hommes se sont arrogé d'imposer aux
nations leur volonté particulière et de les forcer de s'y
conformer de même qu'à une loi; droit qu'ils pré-
tendent tenir de Dieu, qui leur aurait conféré des titres
en vertu desquels ils seraient aussi légitimes proprié-
taires de ces nations qu'on peut l'être d'un fonds de
terre ou d'un troupeau de bétail. Sous l'empire de ce
principe, il n'y a plus de *citoyens*, mais des *sujets*, qui,
au lieu de faire la loi eux-mêmes, en déclarant qu'elle
est leur volonté à tous, l'acceptent d'une volonté
particulière dont les décrets seuls sont la règle commune.

DU GOUVERNEMENT,

ou.

POUVOIR EXÉCUTIF.

Lorsque des hommes se sont constitués en nation,
il est évident que la souveraineté ne serait plus qu'un
pouvoir vain et illusoire, si la loi, après avoir été créée,
restait sans exécution, et s'il n'y avait une institution

politique dont l'objet serait de faire observer unanimement la volonté générale, en y soumettant même par la force les résistances individuelles.

A côté du souverain ou pouvoir législatif, s'élève donc nécessairement le gouvernement ou pouvoir exécutif.

Ici remarquons deux choses :

La première, que le gouvernement n'existe que secondairement, qu'accessoirement ; qu'il ne peut tirer son origine que du souverain, puisque l'on ne conçoit pas qu'il existe indépendamment de celui-ci, et puisqu'avant qu'il n'ait été créé, on ne voit encore qu'un seul pouvoir dans le corps social, le souverain. Le souverain seul peut donc instituer le gouvernement.

En second lieu, que les fonctions *souveraine* et *gouvernementale* sont chacune d'une nature telle qu'elles ne doivent pas se trouver concurremment dans les mêmes mains ; car les actes du souverain sont essentiellement généraux ou des *lois*, et ceux du gouvernement particuliers ou des *ordonnances*, puisqu'ils n'ont pour objet que l'application des lois. D'où l'on conclut que le pouvoir exécutif ne peut exercer les fonctions du pouvoir légilatif sans enlever à celui-ci son caractère essentiel, qui est d'exprimer la volonté générale, et que le pouvoir législatif à son tour ne peut exercer les fonctions exécutives sans altérer le cachet d'infaillibilité qui marque toutes ses déclarations, par les nombreuses erreurs qu'il commettrait inévitablement dans les actes particuliers qui constituent l'application de la loi. En deux mots, le souverain est *législateur* (1) et le gou-

(1) Il faut distinguer dans le mot législateur deux acceptions différentes. Il désigne l'individu, l'homme qui a tracé l'insti-

vernement *juge*. Or, le juge ne peut et ne saurait créer la loi, et le législateur est hors d'état de bien juger.

Nous définirons donc le gouvernement : un pouvoir institué par le souverain pour appliquer la loi et la faire exécuter.

On appelle *prince* la personne ou les personnes que le souverain a investies de cette fonction.

Etablissons bien entre le souverain et le prince cette différence : que le souverain c'est la nation exprimant solennellement sa volonté, c'est-à-dire, déclarant quelle sera la loi, la règle suivant laquelle les intérêts de tous ses membres seront régis ; tandis que le prince n'est qu'un ou plusieurs individus chargés, en vertu d'une commission spéciale, non pas de créer la loi pour la nation, qui seule peut connaître ses besoins et par quelles mesures législatives elle entend les contenter, mais uniquement d'assurer l'exécution de la volonté générale.

Un peuple n'est pas *libre* si le prince a usurpé la puissance législative qui appartient nécessairement et dans son intégrité au souverain, à la nation ; car il est soumis à une ou à quelques volontés particulières qui se sont substituées à la volonté générale, et ne régissent la société que dans des vues d'intérêts privés. Cet état de choses porte le nom de *tyrannie*. Or, comme une volonté particulière n'est pas la loi, et comme la loi seule est obligatoire pour tous les membres du corps

tution d'un peuple ; il désigne aussi la personne morale du peuple qui, une fois institué, décrète les lois que nécessitent les besoins du corps social.

2

social, il en résulte que l'on n'est pas obligé d'obéir aux décrets que le tyran décore du nom de lois, et que si l'on est contraint de les subir, on ne vit plus que sous l'empire de la force et de l'oppression. Mais là où prévaut le droit du plus fort tous les liens sociaux sont rompus : l'état est dissous, car le pacte fondamental, la convention première qui avait servi de base pour constituer la nation, n'existent plus. Ce qu'on appelle encore alors *peuple*, n'est plus qu'un troupeau d'hommes parqué, fouetté, foulé de mille manières, et décimé quand cela convient aux vues et aux intérêts du prince. Alors, chacun est évidemment rentré dans son droit de nature, dans son indépendance primitive, et est autorisé à opposer la force à la force. C'est même un devoir pour les opprimés de se coaliser afin de renverser la tyrannie et de fonder sur ses ruines une association nouvelle, d'après les principes que la raison présente comme seuls capables de procurer à l'homme en société la liberté et le bonheur.

DES DIVERSES FORMES

DE GOUVERNEMENT.

Le prince est *un* ou *multiple* ; *héréditaire* ou *électif* ; *tyran* ou *légitime*, c'est-à-dire circonscrit dans les limites assignées par le souverain à son autorité. C'est de ces diverses conditions et de leur combinaison que résultent les diverses formes de gouvernement.

Quelle que soit l'infinie variété des gouvernemens qui ont paru ou paraîtront sur la scène du monde, ils tiennent tous plus ou moins à l'une ou à plusieurs en même temps des formes génériques suivantes : la *monarchie*, l'*oligarchie*, l'*aristocratie*, la *démocratie*, la *royauté*, la *république*.

1° La MONARCHIE (μονος, seul, αρχή, commandement) est la forme de gouvernement où le prince est *un ;* en d'autres termes, où le pouvoir exécutif est confié à *un seul* des membres du corps social. Elle est *héréditaire* quand le prince transmet ses fonctions à son plus proche parent d'après un ordre de succession ou conforme au droit civil ou déterminé par une constitution. Elle est *élective* ou *temporaire* quand le prince ne peut transmettre héréditairement ses fonctions ou quand il est obligé de les résigner à l'expiration d'un certain temps. Elle est *tyrannique* si le prince a usurpé tout ou partie de l'autorité souveraine ; *légitime* si la distinction des deux pouvoirs et les attributions respectives de l'un et de l'autre n'ont pas été méconnues du prince. Sa tendance naturelle la porte à la tyrannie, qu'elle soit héréditaire ou élective.

2° On appelle OLIGARCHIE (ολιγος, en petit nombre, αρχή) la forme de gouvernement où le prince est *multiple ;* en d'autres termes, où le pouvoir exécutif est confié à *plusieurs* d'entre les membres de la cité. Elle peut être héréditaire ou élective, tyrannique ou légitime.

3° On appelle ARISTOCRATIE (ἀριϛος, le meilleur, κρατος, gouvernement) la forme oligarchique de gouvernement où le pouvoir exécutif est confié aux principaux citoyens, constitués en un corps politique, un sénat, par exemple : si elle est élective, cette forme de gouvernement peut donner à la nation des chefs sages et habiles. Si elle est héréditaire, ces chefs sont mauvais, et composent dans l'état une société distincte de la grande société qu'ils gouvernent, jouissant de priviléges exclusifs et soigneuse de les conserver, de les étendre, et, s'il se peut, d'en accroître le nombre. L'aristocratie héréditaire a une tendance naturelle à la tyrannie, ou plutôt elle est essentiellement tyrannique ; car, quand bien même le prince n'exercerait pas la puissance législative, il a usurpé sur le souverain le droit que celui-ci conserve toujours d'en nommer les membres. L'élection est une condition indispensable de la légitimité des pouvoirs du prince (1).

4° On appelle DÉMOCRATIE (δῆμος, peuple, κρατος) l'ordre de choses où le prince réside dans la nation qui est à la fois législateur et juge ; en d'autres termes, où les pouvoirs législatif et exécutif sont exercés concurremment par l'universalité des citoyens réunis sur la place publique pour s'occuper et des besoins et des affaires de l'état. La démocratie, comme nous le verrons plus bas, diffère de la république, et n'est propre qu'aux très petits états. Dans ceux qui ont un peu d'étendue, les inconvéniens qui résulteraient de la violation inévitable des principes qui exigent que le souverain ne soit occupé que de vues générales, et ne se mette jamais en rapport par l'exécution avec des objets particuliers, ces inconvéniens, disons-nous, pourraient être graves. — Elle est absolument impraticable dans les états très étendus.

La démocratie n'est ni tyrannique, ni légitime ; cette double qualification ne peut trouver d'application que dans un ordre de choses où, un second pouvoir existant

(1) Pour l'acception vulgaire du mot *aristocratie*, voyez à l'article *royauté*.

en dehors du souverain, il convient d'exprimer en quel rapport ces deux pouvoirs se trouvent l'un avec l'autre. L'on peut dire toutefois que la démocratie n'a rien usurpé; car, tout en admettant qu'il soit plus avantageux pour la nation d'instituer un prince, on est forcé de reconnoître qu'elle n'en a pas moins le droit d'exercer elle-même des fonctions qu'il ne lui a pas plu de déléguer.

5° On entendait primitivement par ROYAUTÉ une magistrature instituée pour remplir les fonctions gouvernementales et dans laquelle le prince pouvait exister sous une ou plusieurs des conditions ci-dessus posées. De telle sorte que cette expression n'était qu'une dénomination générale, applicable à toutes les formes de gouvernement possibles. Mais cette acception est depuis bien long-temps tombée en désuétude. Les rois ont presque toujours été *monarques*, et après avoir fondé l'hérédité du pouvoir exécutif dans leur famille, ils sont parvenus à usurper sur le souverain le pouvoir législatif. Si bien qu'actuellement on appelle royauté une magistrature monarchique et héréditaire, qui cumule par usurpation la puissance du souverain avec l'autorité du prince. Cette institution est éminemment vicieuse et ne peut produire que les résultats les plus déplorables. En effet, si le prince peut à la fois créer les lois et les faire exécuter, son pouvoir tyrannique dégénérera nécessairement en despotisme barbare. Et il est facile de le concevoir. Une volonté particulière ne peut absolument pas exprimer les besoins et les vœux de la société, qu'elle ne connaît point. Si pourtant elle prétend lui imposer un code de législation et la gouverner, les intérêts généraux se trouvant froissés,

il surgira de toutes parts, contre l'exécution des décrets que le roi appellera du nom de *lois*, des résistances qu'il s'agira de subjuguer. Le roi, dont la prudence saura les isoler, les réduira partiellement sans trop de difficultés; mais pour arrêter leurs progrès contagieux, il faudra effrayer, par d'atroces persécutions contre les rebelles, le grand nombre de ceux qui montreraient des velléités de rébellion, afin de maintenir leur soumission forcée, par la crainte de châtimens cruels.

Les instrumens dont le roi se sert pour consolider sa tyrannie forment dans l'état une classe à part, qu'on appelle *l'aristocratie nobiliaire*. Les divers titres de baron, comte, marquis, duc, prince, ou autres semblables, indiquent le nombre et la qualité des services qu'on lui a rendus lorsqu'il fallait l'assister dans ses attentats contre les propriétés, la liberté ou la vie de ses sujets. Et comme des services si recommandables exigent incontestablement que la récompense ne se borne pas à la collation de vains titres, le roi attache à ces titres des priviléges qui consistent en exemption de certaines charges, en attribution exclusive de certains droits et surtout des hauts emplois; en influence sur la direction générale des affaires de l'état.

La royauté proprement dite se distingue en royauté *absolue* et en royauté *constitutionelle*.

La royauté absolue est une institution politique où les pouvoirs législatif et exécutif sont, dans leur intégrité, entre les mains d'un seul homme qui les transmet héréditairement.

La royauté constitutionnelle est une institution

politique, monarchique et héréditaire, où l'autorité du
chef suprême est réglée et définie par une constitution
ou charte, qui, tout en lui accordant intégralement le
pouvoir exécutif, divise la souveraineté et en attribue
partie au prince, partie à une certaine classe des
sujets. Sous ce régime la nation se trouve fractionnée
et répartie en castes. On y compte 1° celle des ilotes
ou prolétaires; 2° celle des électeurs; 3° celle des
éligibles; 4° celle des élus; 5° celle de l'aristocatie
bourgeoise ou financière; 6° celle de l'aristocratie des
titres et des hauts emplois; 7° celle des courtisans.
Un conflit continuel règne entre chacune de ces castes
et entretient dans l'état une perpétuelle et pernicieuse
agitation.

6° On appelle RÉPUBLIQUE l'ordre de choses où les pouvoirs législatif et exécutif sont séparés et exercés le
premier par la cité, le second par un prince qu'elle a
élu. Ici le souverain et le prince ne se trouvent jamais
réunis comme dans la démocratie ou dans la royauté;
ils agissent séparément en se renfermant l'une et
l'autre dans les limites de leurs attributions respectives.

Le régime républicain est fondé sur les véritables
principes sociaux. Ainsi, dans la république, l'universalité des citoyens déclarant leur volonté, voilà le
souverain; cette volonté solennellement exprimée et
constatée, voilà la loi; les citoyens désignés par le
souverain pour remplir les fonctions exécutives, voilà
le prince. La souveraineté ne réside plus ailleurs que
dans la cité, qui l'exerce sans partage avec le prince
et sans être représentée par des castes. La république
n'admet pas de castes, ou, si l'on veut, elle n'en
conserve qu'une seule, celle des citoyens. Quiconque

a atteint l'âge requis pour être déclaré apte à prendre
part aux affaires publiques est citoyen , et tout citoyen
fait partie du souverain et exerce sa part de souveraineté, qui est égale à l'unité fractionnaire pour laquelle
il compte individuellement dans la cité.

On conçoit aisément que le régime républicain ne
comporte ni usurpation de la part de l'un de deux
pouvoirs, ni ces moyens odieux et barbares de gouvernement qui paraissent d'un usage indispensable dans
une tyrannie.

1° Ni usurpation de l'un des deux pouvoirs : en effet,
le régime cesserait d'être républicain et serait converti
ou en tyrannie si le prince usurpait la souveraineté;
ou en démocratie si le souverain voulait exercer le
pouvoir exécutif. La constitution républicaine prévient
cette double dégénérescence , soit en multipliant la
personne morale du prince , et en limitant à un terme
peu éloigné l'exercice du pouvoir exécutif, en raison
du danger d'usurpation qu'il présente; soit en la
simplifiant afin de concentrer son action et en éten-
dant son autorité afin d'accroître sa force, s'il y a,
dans l'état des choses , une tendance plus marquée de
la part du souverain à l'envahissement du gouvernement. Toutefois ce dernier inconvénient est incomparablement au-dessous du premier; car lorsque la
nation sera fatiguée des nombreuses occupations que
lui donnera une démocratie , elle sera toujours libre
d'instituer un prince quand et comme elle le voudra.

2° Ni moyens barbares de gouvernement : en effet,
ce régime ne pouvant faire naître les rébellions qui
résultent souvent dans la royauté des nombreuses et
énergiques résistances que provoque l'oppression, ne

nécessitera point par conséquent les cruels expédiens qu'emploient les rois pour les réprimer et pour maintenir leur despotisme. Nous disons qu'il n'y aura point de rébellion; effectivement, si la loi est la volonté de *tous*, qui donc songerait à s'insurger contre ce qu'il aura voulu? « Les dissidens, répondra-t-on; la volonté de » tous, ou pour mieux dire, de la majorité, n'étant pas » toujours l'unanimité, pourra froisser quelques intérêts » privés, engendrer des mécontentemens et les pousser » à la révolte. » Nous répliquerons que ces dissidens ne formeront nécessairement qu'une minorité, la plupart du temps même imperceptible, jamais assez puissante pour tenter une insurrection. Le sentiment de l'injustice de ses prétentions l'empêchera d'ailleurs de les faire éclater au grand jour, et de les soutenir par aucune entreprise hardie et courageuse.

Et à supposer encore que, dans l'exécution, l'on rencontre de temps à autre quelques faibles résistances, toujours impuissantes comme obstacle à la marche générale des affaires, sera-ce une raison pour recourir aux persécutions à l'usage des rois? Et à quelle fin s'en servirait-on? Pour faire des exemples? Mais ces exemples ne seraient que des tortures superflues; il n'y aura jamais besoin d'étaler l'appareil de châtimens rigoureux pour démontrer à la masse des citoyens, et même à ceux dont le suffrage n'aurait pas été conforme à la majorité, qu'une volonté particulière ne doit pas se substituer à la volonté générale ni prétendre s'imposer comme loi à la nation; et quiconque entreprendrait d'altérer à ce point le pacte fondamental, rencontrerait un obstacle insurmontable, l'opposition unanime des citoyens.

D'ailleurs un citoyen, en faisant un acte de souveraineté, ne cherche qu'à exprimer la volonté générale, or, si celle-ci s'est manifestée autre que son suffrage individuel ne voulait la constater, revenu de son erreur, il s'empresse de l'accepter telle qu'elle s'est déclarée; et il veut lui-même qu'elle soit observée avec un respect religieux.

Dans le cas cependant où l'aveuglement et l'obstination de quelques intérêts privés donneraient lieu aux résistances dont nous venons d'admettre la supposition, elles seront nécessairement très rares et très faibles, et on les réduira aisément par de simples moyens de coërcition.

Ainsi le régime républicain satisfait également aux exigences de la sévère raison et à celles d'une douce humanité (1).

(1) Des esprits superficiels ne manqueront pas d'opposer à ce tableau, 93 avec son arbitraire et ses rigueurs. Nous leur ferons observer :

1° Qu'il n'y avait pas de république en 93. Il ne suffit pas de donner à une chose une appellation qui lui est étrangère, pour la rendre identique avec celle dont on emprunte le nom. Le régime de 93 n'était qu'une démocratie combinée avec le système représentatif, c'est-à-dire une dictature confiée à un certain nombre de citoyens élus par la nation. En effet, le corps politique qui représentait le souverain, cumulait les pouvoirs législatif et exécutif. Il exerçait directement le premier, et indirectement le second au moyen de son conseil exécutif et de ses comités de salut public et de sûreté générale. La république ne peut exister sans une constitution qui détermine la séparation des deux pouvoirs, le nombre du prince et le mode et les limites de son action politique. Or, la Con-

SUR LA ROYAUTÉ
ET LA RÉPUBLIQUE.

Toutes les formes de gouvernement reposent plus ou moins sur l'un des deux principes dont nous avons parlé plus haut, savoir : le principe de la souveraineté de droit divin et le principe de la souveraineté du peuple.

La royauté et la république sont l'expression absolue de ces deux principes.

Il y a donc entre ces deux formes de gouvernement

vention ne gouverna jamais constitutionnellement. Il y eut bien, il est vrai, une constitution dite de l'an Ier, qui était fondée sur les principes républicains dans toute leur pureté ; mais elle ne fut jamais mise en vigueur. La Convention, en présence des dangers qui menaçaient la France et qu'elle entreprit sérieusement de conjurer, ne voulut jamais abdiquer son pouvoir dictatorial, qu'elle exerça successivement sous l'empire de chacun des partis qui tour-à-tour s'emparèrent de la direction des affaires. Il n'y eut en France une ombre de république qu'à dater de la promulgation de la constitution de l'an III jusqu'au 18 brumaire.

2° Que les rigueurs de 93 furent des mesures gouvernementales jugées nécessaires par la dictature conventionnelle, mais qu'elles ne se rattachent nullement, comme conséquences naturelles, aux principes républicains. Une époque peut avoir ses nécessités politiques. En 93, il s'agissait ou de sauver la France ou de subir l'invasion d'une coalition furieuse, dont les projets incendiaires s'étaient assez explicitement annoncés dans le fameux manifeste Brunswich. Tout autre gouvernement la différence radicale qui existe entre ces principes eux-mêmes, et si ceux-ci, par leur nature, sont placés dans un état d'hostilité permanente, implacable, celles-là, à leur tour, doivent également se livrer un combat à mort qui durera aussi long-temps que les deux parties adverses seront en présence.

En effet, la république et la royauté se disputent avec acharnement l'empire du monde. Aujourd'hui la lutte est plus vive et plus opiniâtre que jamais. Des

que celui de la Convention, s'il eût voulu préserver la patrie d'une ruine qui paraissait certaine, eût probablement été forcé d'adopter son système de terreur contre les traîtres qui, non contens de former des vœux pour le succès des armes de l'étranger, machinaient activement à l'intérieur des complots que leur impunité eût enfin rendus tellement formidables, que le gouvernement n'eût plus trouvé à sa disposition de moyens suffisans de répression. Sous tout gouvernement vraiment national, l'énergie des moyens de salut public sera toujours en raison de la gravité du péril. Mais, d'ailleurs, ignore-t-on combien les historiens du directoire, du consulat, de l'empire et de la restauration ont exagéré leurs récits sur les scènes sanglantes de cette époque ?

En deux mots nous répondrons à ceux qui, dans leur aveugle appréhension des principes républicains, invoquent, pour la justifier, les souvenirs de 93-94, d'abord, que nous n'avions pas alors la république; en second lieu, que la terreur fut un moyen de gouvernement auquel les circonstances seules forcèrent de recourir.

Nous pourrions ajouter : vous redoutez la république parce que vous redoutez l'arbitraire, l'anarchie, la terreur. Mais où est l'arbitraire dans un gouvernement constitué de telle sorte, que le prince est renfermé dans les bornes du pouvoir exécutif,

avantages sont alternativement échus à l'une et à l'autre; mais chacun est profondément convaincu que tant que l'une des deux n'aura pas tué, anéanti son adversaire, cette lutte devra continuer. Les peuples en attendent avec impatience l'issue définitive.

Si nous voulons examiner d'un même coup d'œil ces deux formes de gouvernement, nous remarquerons que chacune consacre un ordre particulier de prin-

et que nulle volonté particulière ne peut dominer la volonté générale? Où est l'anarchie dans un gouvernement sous lequel les lois n'étant que l'expression de la volonté générale, chacun est porté de lui-même à les observer sans céder à l'emploi de la force? Où est le système de terreur d'un gouvernement tout de majorité, et par conséquent toujours fort? La terreur n'accuse que la faiblesse; 93 n'eût pas eu son terrorisme, si la crise n'eût été si sérieuse, et la situation extérieure et intérieure si désespérée. Sans aucun doute vous voulez la liberté individuelle, le respect des lois, la paix et l'union entre les citoyens. Mais par quelle inconséquence inexplicable attendez-vous ces avantages précieux de systèmes de gouvernement toujours bâtis en dehors des véritables principes sociaux? Vous voulez des garanties contre ces commotions violentes qui bouleversent le corps social et l'exposent à périr; mais comment en attendre d'un ordre de choses où l'on aura violé les lois imprescriptibles de la raison, de la justice et de l'humanité? La nature, que vous aurez outragée, se révoltera incessamment contre vos œuvres monstrueuses. Prétendriez-vous l'opprimer, elle aussi, et lui imposer vos caprices pour règle? Vaine entreprise! Ses lois sont immuables, et son pouvoir est supérieur au vôtre. Elle brisera toujours au premier effort la faible contexture des liens dans lesquels vous aurez cru l'enchaîner.

cipes opposés, d'où résulte un système homogène et complet de gouvernement.

Dans la royauté nous découvrons celui-ci :

HÉRÉDITÉ. — IRRESPONSABILITÉ. — IRRÉVOCABILITÉ.

Dans la république s'en présente un tout opposé :

ÉLECTION. — RESPONSABILITÉ. — RÉVOCABILITÉ.

Qui donc, après y avoir tant soit peu réfléchi, peut espérer quelque conciliation entre des principes si contraires? Evidemment leur nature les pousse à se faire une guerre à mort et leur interdit toute trêve, toute suspension d'hostilité, tout traité de paix. La souveraineté de droit divin ou la souveraineté du peuple, la royauté ou la république, voilà quelle doit être en définitive la forme de gouvernement qui régira les nations civilisées du continent. Il est plus que probable que celles-ci soutiendront la république dans sa lutte avec la royauté; car c'est vers la forme républicaine que tendent tous les peuples chez lesquels se développent incessamment les sciences et les arts.

On confond souvent, mais à tort, la monarchie avec la royauté. Ce sont pourtant deux institutions politiques très différentes, puisque le monarque n'est pas toujours législateur, tandis que le roi exerce toujours la double autorité du prince et du souverain. Le roi est toujours monarque, le monarque n'est pas toujours roi.

La monarchie peut être républicaine. La présidence de l'union en Amérique est à peu près une monarchie républicaine. D'après la constitution, d'abord, le pouvoir exécutif est exercé par *un seul* homme; en second lieu, le prince n'est pas souverain et les principes qui découlent de l'essence particulière de la république reçoivent leur application. Le président est *élu — res-*

ponsable de tous ses actes gouvernementaux, — et *révocable* quoique avant l'expiration légale de ses fonctions, s'il a violé ou faussé la constitution.

La royauté ne peut jamais devenir républicaine ; il y a, nous ne saurions trop le répéter, entre la nature de cette institution et la république, incompatibilité absolue. Jamais, en effet, les faiseurs de chartes ne parviendront à combiner des dispositions constitutionnelles telles que tout à la fois le prince soit *nécessairement* un ou monarque, et investi de tous les pouvoirs du souverain, conditions essentielles à la royauté, et qu'il *puisse* être multiple, la souveraineté, étant d'ailleurs, dans son intégrité, exercée par la nation, ainsi que l'exige la forme républicaine. Jamais non plus ils ne viendront à bout d'allier *l'hérédité* à *l'élection*, — *l'irresponsabilité* à la *responsabilité*, — *l'irrévocabilité* à la *révocabilité*. Il y aura toujours antilogie entre ces bases, essentiellement exclusives l'une de l'autre.

La royauté constitutionnelle semble un mode transitoire pour arriver à la forme républicaine ou pour retourner à la royauté absolue. Dans cette institution, qui n'accuse que de vains efforts tentés pour faire transiger les deux formes belligérantes, on a cherché à fondre, autant que le permettait la nature des élémens, les principes républicains avec ceux de la royauté. Ainsi, en premier lieu, nous y voyons non pas abandon intégral de la souveraineté de la part du prince, mais partage de celle-ci, et encore avec des castes privilégiées. En second lieu, suppression de *l'hérédité* dans plusieurs fonctions, tout en la maintenant dans les principales, et droit très restreint *d'élection* accordé aux castes privilégiées ; — octroi de la *respon-sabilité*, mais seulement dans la personne des minis-tres ; — enfin mise en jugement des ministres signataires au lieu de l'*inviolabilité* pure.

Cette amalgame forcé de principes contraires n'a enfanté jusqu'ici que des tiraillemens en tous sens dans le corps social. La royauté s'efforce de rentrer dans la plénitude de la puissance législative, les castes privilégiées combattent ces tentatives inconstitution-nelles, et cherchent elles-mêmes à augmenter leur part dans l'exercice de la souveraineté, tandis que le peuple des prolétaires, simple spectateur de cette lutte, exclu de tout rôle politique, voit d'un œil jaloux et mécontent le privilége des castes et le pouvoir oppresseur de la royauté, et médite leur ruine afin de rentrer en possession de ses droits imprescriptibles.

La royauté constitutionnelle est le plus mauvais des gouvernemens, parce qu'elle ne repose pas sur des principes homogènes. Elle a contre elle la logique, la vérité, et ne peut durer quelque temps que grâce au concours d'une foule de circonstances particulières qui empêchent l'établissement de l'un des deux autres modes.

Cette royauté est un indice de la crise où se trouve la nation, en travail d'une constitution nouvelle et har-monisée avec un même ordre de principes.

DU POUVOIR JUDICIAIRE.

Les publicistes modernes ont imaginé un troisième pouvoir auquel ils veulent consacrer une existence indépendante. Mais la nature des choses s'oppose à cette création nouvelle. Il ne peut y avoir que deux pouvoirs dans toute société : celui qui fait la loi et celui qui l'exécute.

Les fonctions judiciaires ont pour objet unique l'application de la loi ; donc elles font partie des devoirs du prince.

Dans les sociétés où les principes sociaux ont été méconnus, oubliés, souvent afin de se garantir contre les actes despotiques du pouvoir, les citoyens s'efforcent de faire insérer dans les constitutions organiques de l'état quelques dispositions qui placent la judicature dans une certaine indépendance vis à-vis du prince. Mais ces précautions même signalent le vice de ces constitutions, qui ont fait au prince une part d'autorité beaucoup trop large, et qui ont fourni ainsi l'occasion d'une foule d'abus.

Elles deviennent superflues avec un prince qui, jouissant pleinement, mais uniquement de toute l'autorité que comporte le pouvoir exécutif, sera électif, responsable et révocable.

DE LA DICTATURE.

Tous les empires ont de temps en temps à traverser des époques critiques pendant lesquelles l'action lente et régulière des lois est insuffisante pour les ramener dans leur état normal. A des situations extraordinaires, périlleuses, exposées à une solution aussi prompte que terrible, il faut opposer des remèdes énergiques, d'un effet presque instantané, et qui, imprimant au corps social des secousses vives et rapides, lui causent une sorte de névralgie sous l'influence de laquelle toutes ses facultés exaltées sont portées à un degré d'activité et de puissance tel, qu'elles deviennent capables de briser au premier effort les causes de destruction qui l'assiégent.

Ces remèdes consistent ordinairement à transporter momentanément au gouvernement tous les pouvoirs du souverain. La cité alors fait taire sa voix suprême en présence de celle du magistrat. Il n'y a plus de lois; l'état n'est plus régi que par des décrets auxquels le souverain est convenu d'accorder toute la force des premières. Néanmoins, cette situation, tout exceptionnelle, n'a de durée qu'autant qu'existe la cause qui l'a fait naître, et les lois reprennent leur empire aussitôt que la crise est résolue.

Chez les anciens, la dictature était exercée par un seul magistrat; mais sa durée, quoique naturellement déterminée par le laps de temps nécessaire pour sauver la chose publique, était fixée à une époque rapprochée. On sentait tout le danger que présentait à la liberté un ordre de choses où une volonté particulière dominait, effaçait la cité. D'autres garanties témoignent en outre des craintes qu'inspirait cette autorité absolue.

Tout en reconnaissant la nécessité, dans des circonstances extrêmes, d'un pouvoir illimité qui n'a pas d'autre règle que les inspirations personnelles de ceux qui en sont investis, il conviendrait d'examiner d'après

quelles bases il devrait être constitué, afin de l'empêcher de dégénérer et de s'établir définitivement sous
forme de tyrannie.

La dictature exercée par un seul magistrat ne convient
que dans les états où l'esprit public est depuis long-
temps façonné aux habitudes démocratiques , où les
tentatives d'usurpation seraient promptement recon-
nues et réprimées par un peuple éclairé et jaloux de sa
liberté. Là, le dictateur, après l'expiration de sa charge,
soumettant à une investigation sévère toutes les mesures
de salut public que son amour de la patrie lui suggéra,
ne peut inspirer aucune inquiétude sérieuse. Mais chez
un peuple long-temps opprimé, élevé à l'école de la
servitude et tout imbu des doctrines et des traditions
du despotisme dont il n'a que récemment secoué le
joug , la dictature ne peut sans un immense danger
pour les institutions libérales qu'il vient de conquérir,
être remise entre les mains d'un mag'strat unique, dont
les désirs ambitieux seraient trop favorablement secon-
dés par la nécessité d'une administration forte, habile,
prompte, énergique, et sévère parfois jusqu'à la cruauté.
Il est indispensable alors que l'autorité dictatoriale soit
confiée à une assemblée dont le mandat, tout en lui
conférant de pleins pouvoirs, ne lui permettra pas d'at-
tenter à la constitution du pays, qui ne fera que subir
un interrègne pour reprendre son empire aussitôt que
la patrie sera sauvée. En vain objecterait-on que cette
assemblée même serait un obstacle au salut public,
qu'en des conjonctures critiques le pouvoir ne saurait
être trop concentré, et qu'un seul pilote doit guider
le navire pendant la tempête. Toutes ces raisons eussent
peut-être paru excellentes avant cette époque mémorable

d'une histoire encore contemporaine, où un peuple déchiré à l'intérieur par les factions et la guerre civile, épuisé de ressources, trahi de tous côtés par les généraux de ses armées, seul en face de la coalition de toutes les puissances de l'Europe, vaincu même dans les premiers combats, se reposa sur l'habileté, le zèle et le patriotisme d'une Convention nationale, du soin de sauver la chose publique et de consolider sa liberté au dedans et son indépendance au dehors. Fidèle au mandat dont le peuple l'avait honorée, dépassant même les espérances qu'il avait fondées sur elle, cette héroïque assemblée triompha bientôt des obstacles, jugés insurmontables, qui l'environnaient de toutes parts, et finit par effrayer à son tour les potentats qui l'avaient tant menacée de leurs terribles projets de vengeance.

En résumé, nous pensons que là où la liberté non seulement est écrite dans le pacte social, mais encore vit depuis long-temps au fond du cœur de tous les citoyens, et est devenue pour eux une véritable condition d'existence et de bien-être, parce qu'elle a assujéti à ses formes leurs habitudes, leurs affections, leurs mœurs; que là, disons-nous, la dictature peut sans inconvénient et même avec avantage être exercée par un magistrat unique; mais que chez un peuple nouvellement affranchi, et par conséquent facile encore à replacer sous le joug, cette magistrature ne doit être confiée qu'à une assemblée.

Dans tous les cas, il convient que l'acte d'institution de la dictature exprime l'époque où ses pouvoirs extràconstitutionnels expireront.

DU SYSTÈME REPRÉSENTATIF.

Avant qu'une civilisation incomplète eût dépravé l'homme social et faussé son jugement sur les véritables moyens de vivre libre et heureux, les citoyens, animés de la plus vive sollicitude pour les intérêts de la cité, exerçaient scrupuleusement leur droit d'intervention dans la formation des lois, et de surveillance dans l'administration des affaires publiques. L'inégale répartition des lumières acquises pervertit enfin les anciens rapports sociaux, en introduisant, en dehors de la hiérarchie des fonctions, des relations de supériorité et de subalternité que n'avait pas établies le pacte social, et évidemment contraires au but de l'association, et fit des fourbes qui méditèrent l'asservissement, puis l'exploitation de la société au milieu de laquelle ils vivaient. Pour réaliser leur domination, ils comprirent qu'ils devaient affaiblir les liens qui unissaient l'association, c'est-à-dire la religion de l'intérêt général, et y substituer le culte de l'intérêt privé. Alors ils commencèrent à établir des distinctions entre ces deux intérêts, firent naître des dispositions à considérer l'intérêt général après l'intérêt privé; attiédirent le zèle pour celui-là, créèrent de nombreux conflits entre l'un et l'autre, et, par une conséquence inévitable, réussirent à faire perdre de vue l'importance de l'accomplissement rigoureux des devoirs du citoyen, et à inspirer le désir de se les alléger.

Enfin, faisant observer à leurs concitoyens que le mode actuel d'exercice de la souveraineté les détournaît trop long-temps et trop souvent de leurs affaires privées, et prétendant que les mêmes résultats seraient certainement obtenus sans l'intervention directe de la nation tout entière, ils proposèrent de la faire représenter par un petit nombre de citoyens, élus par elle, et qui déclareraient, en consultant et recueillant leurs propres opinions, quelle serait la volonté générale.

Cette nouveauté dut plaire à des hommes d'un esprit simple et confiant, d'un jugement peu étendu, mais au cœur déjà corrompu par les idées d'individualisme et d'amour exclusif de soi, dont on avait formé son éducation morale, et la *représentation* fut instituée.

La représentation est donc une fiction, et, de même que toute fiction, elle est un mensonge.

Que représentent en effet les représentans ? Le souverain ? Mais peut-il être représenté ? Représente-t-on la volonté, et peut-on réellement la connaître, si elle n'a pas été consultée directement ? Si la volonté, soit qu'elle émane d'un homme, soit qu'elle émane d'un corps plus ou moins nombreux, ne peut cesser d'être, de sa nature, individuelle et indépendante de volontés étrangères, quel sera le représentant qui osera dire : « Le titre que je porte fait que ce que je veux actuel- » lement, que ce que je voudrai demain, quand bien » même il y aurait contradiction dans ce double vou- » loir, est ou sera également voulu de tous mes com- » mettans ? » A supposer encore que des représentans vinssent à parler ou agir comme l'eût fait la volonté générale, n'est-ce pas le hasard qui les a servis ? Et le hasard les servira-t-il toujours de même ? N'impo- seront-ils jamais à la nation leur volonté particulière ? Et dans ce cas que serait devenue la souveraineté ?

Que serait devenue elle-même la base fondamentale de l'associ tion, cette convention première que CHACUN n'obéira qu'à ce que TOUS auront voulu ? N'est-il pas évident qu'on ne se trouve plus que dans une voie qui conduit directement à la tyrannie et à l'oppression ?

Cette institution mensongère a porté les seuls fruits qu'on devait en attendre. Les citoyens se sont fait représenter dans l'exercice de la souveraineté, et ils ont eu des députés pour les vendre au prince qui viserait à l'usurpation de l'autorité souveraine. Les citoyens se sont fait représenter lorsqu'il fallait aller défendre le sol de la patrie, au lieu de se former en milice toujours prête à voler à la frontière, et ils ont eu des soldats pour les asservir ; car l'armée mise à la disposition du prince, commandée par lui ou par des gens qui en dépendent, organisée de manière à constituer dans la société une société à part ayant ses lois, ses mœurs, ses obligations spéciales, ses droits, son esprit de corps, est un instrument tout prêt à servir des projets d'établissement de la tyrannie.

Veut-on rester dans le vrai et se conformer aux seuls principes que la raison avoue ? Alors rejetons la fiction ; repoussons le mensonge ; point de représentation. Désirons nous que les lois soient l'expression de la volonté générale ? Eh bien, consultons TOUS les citoyens. Ils connaîtront bien mieux ce que veut la nation et les dispositions législatives qui lui conviennent, que des représentans qui, ne pouvant recevoir toutes les sensations du corps social, traduiront dans leurs déclarations très infidèlement ses souffrances, ses besoins et ses vœux. Mais, dira-t-on, faut-il retourner au Forum et y élaborer le travail difficile de la législation

impliquée que l'état de nos mœurs a rendue nécessaire? Oui, il faut retourner au Forum ; mais qu'est-ce
qui empêche que nos lois ne soient sagement préparées
par des citoyens que la nation aura choisis entre les
plus éclairés et les plus probes, et dont le travail serait
soumis, comme projet, à la sanction du peuple as-
semblé sur les places publiques? Tout cela n'est nullement impraticable. N'en usait-on pas ainsi à Sparte,
à Athènes? Ces états étaient petits, cela est vrai; mais
Rome, dans le moment le plus florissant de son existence, Rome, avant qu'elle ne s'abandonnât lâchement
au joug des Césars, qui, après lui avoir ravi une à une
toutes ses libertés, la laissèrent tomber en ruine de
tous côtés; Rome, disons-nous, était-elle un état si
étroit, et pourtant recevait-elle ses sénatus-consultes et
ses plébiscites, sans que les citoyens assemblés les
eussent sanctionnés de leurs votes? « Soyez vous-
» mêmes les auteurs des lois qui doivent faire votre
» bonheur, » disaient leurs magistrats. Pourquoi donc
ne pourrait-on plus ce qui se pratiquait si facilement
à une époque où la civilisation, beaucoup moins avancée,
n'avait pas facilité et multiplié comme de nos jours les
moyens de relation qui unissent les provinces les plus
éloignées? Rome n'eut jamais de représentation (1).

(1) Les citoyens seuls, à Rome, avaient droit de suffrage, et
quiconque habitait le territoire romain, ne jouissait pas du
titre de citoyen. Mais si cette république était entachée de
formes aristocratiques, du moins les citoyens ne subissaient-
ils pas d'autres lois que celles qu'ils avaient votées eux-mêmes.
Le dernier dénombrement en portait le nombre à plus de
4,000,000. Que diraient les hommes d'état qui nous gouvernent,

Quand une fois on a mis un pied dans le faux, on est progressivement et rapidement entraîné vers l'absurde. Il semble que sous un régime représentatif tous les citoyens devraient concourir à la nomination des représentans ; car enfin, chaque citoyen ne cessant pas de faire partie du souverain dont les représentans exercent tous les pouvoirs, il est absolument nécessaire que le mandat de ceux-ci soit conféré par tous les membres du souverain. Mais ce n'est pas ainsi que nos modernes faiseurs de constitutions entendent la représentation qui aujourd'hui est plus que jamais fiction et mensonge. On l'a établie théoriquement en deux degrés. Dans le premier est le corps des électeurs, composé d'une très petite fraction de la cité, dont l'on a extrait les plus riches citoyens qui sont CENSÉS représenter tous les autres. Dans le second se trouve l'assemblée des élus. On conçoit encore que les députés représenteront, autant toutefois que cela est possible, les électeurs ; mais comment ceux-ci représenteront-ils jamais les prolétaires, la masse de la nation ? Et d'abord, où ont-ils reçu des pouvoirs, un mandat ? Sont-ils élus par ceux dont ils se prétendront les mandataires ? Et quand est ce que les prolétaires, en leur confiant la fonction d'électeurs, leur ont dit : « Nous vous chargeons de nommer des députés qui » travailleront uniquement et avec zèle à faire prospérer » la fortune publique, en soutenant les intérêts du plus

si seulement 4,000,000 de Français étaient appelés par la constitution à sanctionner les œuvres de nos profonds et incomparables législateurs ? Quelle anarchie épouvantable, selon eux ! C'est pourtant sous une semblable anarchie que les Romains devinrent le premier peuple du monde.

» grand nombre, nos intérêts ? » Dans tous les cas ; l'in-
fidélité serait un motif légitime de révocation du mandat. Mais n'y a-t-il pas de l'absurdité à alléguer que les
prolétaires sont représentés par la caste des électeurs ?
Elle n'est formée que des plus riches citoyens. Or, la
richesse représente-t-elle la pauvreté ? Et lorsqu'il naîtra
un conflit entre les intérêts de l'opulence et ceux de
la misère, les soi-disant représentans des prolétaires
représenteront-ils bien sincèrement la volonté de ceux-
ci, et peut-on compter que leur qualité de représentans,
exaltant dans leur cœur les sentimens d'abnégation et
de dévouement aux intérêts du plus grand nombre, leur
inspirera les choix qui composeront la représentation
dite nationale, dont le soin devra être de ne prendre en
considération que le bien de *tous* et non l'avantage particulier de *quelques-uns*, surtout de ceux qui jouissent
déjà de presque tous les avantages sociaux ? L'histoire
du régime représentatif nous apprend ce qu'il faut attendre de l'amour du bien public qui animera les uns
et les autres de ces représentans.

Sous un régime de royauté constitutionnelle, la représentation est nécessaire comme garantie contre les em-
piétemens des castes qui ont obtenu une part dans l'exercice de la souveraineté. On craint avec raison que
l'exercice *direct* des droits qui leur ont été octroyés ou
consentis, ne les place vis-à-vis de la royauté dans une
situation trop indépendante, et, en la privant de ses
moyens de corruption, ne diminue trop le crédit et
l'autorité de celle-ci, trop faible dès-lors pour soutenir
la lutte et empêcher la forme du gouvernement de dégénérer en république aristocratique et peut-être même
en république pure. Bientôt les mœurs des castes éner-

vées et corrompues par ce régime bâtard, finissent par
rendre la représentation indispensable. Comment, en
effet, arracher nos nobles bourgeois à leur douce oisi-
veté? Comment vaincre leur apathie et les traîner dans
des assemblées dont l'agitation répugnerait à leur quié-
tude habituelle? N'est-ce pas déjà un assez grand effort
de leur part que de se rendre une fois par quatre ans
environ au collége électoral? Combien encore n'ont
pas même la force de se résoudre à ce sacrifice d'un
jour sur mille pour aller nommer leurs députés!
Afin de s'épargner un plus grand ennui, celui de con-
trôler les votes de leurs mandataires et de s'enquérir si
l'amour du bien public a été le mobile de leur vie par-
lementaire, ils leur permettent de s'attribuer de pleins
pouvoirs; mais Dieu sait comment on en use et abuse!
Sans consulter d'autre guide que leurs intérêts privés,
les députés s'arrangent avec le roi qui les achète, selon
la valeur que leur donnent leurs talens d'intrigue et
leur adresse à dissimuler et à tromper. S'il arrive que
leur vénalité ne soit pas satisfaite ou que le roi veuille
affecter vis-à-vis d'eux une certaine indépendance et affaiblir leur trop grande prépondérance, ils le renversent
et élèvent sur le trône son successeur, ou reconstituent
une dynastie nouvelle à laquelle ils imposent des engagemens, la plupart du temps aussitôt oubliés ou trahis
qu'acceptés. Si le peuple ouvrant les yeux sur tant de
turpitudes, y découvre la cause de sessouffrances et s'ir-
rite en songeant que toutes les charges dont on l'acca-
ble, toutes les privations qu'il endure avec tant de ré-
signation, n'aboutissent qu'à rétribuer largement la
corruption de ces hommes qui se proclament si perfide-
ment les défenseurs de ses droits et de ses intérêts, vite

ceux-ci s'empressent de voter des lois dites contre les rassemblemens tumultueux et les émeutes, et l'on emprisonne ou massacre très légalement les citoyens, qui nonobstant ces édits conçus dans un amour immodéré d'un ordre si avantageux pour les uns et si préjudiciable aux autres, laissent échapper quelques plaintes. Cependant les représentans continuent à se distribuer des priviléges, des honneurs, des sinécures, de l'argent, tant et tant, qu'après avoir épuisé les ressources de l'état, dépravé la morale publique, rendu la misère universelle et insupportable, ils finissent par exaspérer les mécontentemens, les pousser au désespoir, et provoquer une explosion terrible, qui ébranle l'édifice social jusqu'en ses fondemens, et menace de le faire crouler de toutes parts.

CONCLUSION.

Nous avons cherché dans cet écrit à rappeler les principes sur lesquels ont été originellement fondées les sociétés humaines; nous avons ensuite exposé les divers rapports dans lesquels se sont trouvés entre eux les deux pouvoirs politiques auxquels elles ont donné naissance; nous avons caractérisé ces rapports par les avantages ou les inconvéniens qui s'attachaient aux uns ou aux autres; nous avons en dernier lieu essayé de faire ressortir l'inconséquence et la funeste dégénérescence de ce mode de gouvernement, prétendu populaire, qui, au lieu d'aller prendre ses bases là où la vérité et le bon sens le prescrivent, ne repose que sur la fiction et le mensonge.

Résumons maintenant les idées fondamentales que nous avons cherché à accréditer, et dont le système homogène forme notre religion politique.

Nous pensons que tous les hommes sont égaux, c'est-à-dire qu'ils ont tous le même droit à une part égale dans les avantages, dans les produits de tout genre, obtenus par la société, puisque tous ont dû concourir à les faire obtenir en remplissant chacun en particulier une tâche qui, quoique diverse, tendait au but proposé et était également nécessaire.

Nous pensons que, pour la garantie du maintien de l'égalité, tout associé doit avoir un droit d'intervention dans la direction et l'emploi des forces sociales.

Nous pensons que, dans un grand état, ce droit d'intervention ne peut-être sagement exercé si les deux pouvoirs législatif et exécutif ne sont pas nettement séparés, si le gouvernement s'est absorbé dans le souverain.

Nous pensons enfin que la forme de gouvernement, dite *républicaine*, est la seule qui satisfasse la vérité, la justice et la raison; que, sous ce régime, l'homme recouvre sa dignité originelle, et jouit librement de l'exercice de ses droits imprescriptibles; que, cédant constamment à l'impulsion progressive qu'il reçoit des institutions républicaines, il agrandit tous les jours le domaine de ses connaissances, dépouille sa raison des préjugés dont l'avaient infestée ceux qui avaient intérêt à le ravaler à la condition de l'animal domestique, devient de plus en plus moral, doux, sociable, et travaille, en un mot, plus efficacement à son bonheur.

Mais par *république* nous n'entendons nullement cette

forme de gouvernement où de soi-disant représentans viendront exercer, au lieu et place de leurs conci-toyens, un droit d'intervention qui ne peut être qu'in-dividuel et directement exercé.

Voici en peu de lignes le programme des bases fon-damentales de notre république :

« *Pouvoir législatif* exercé directement et sans la » fiction de la représentation, par l'universalité des ci-» toyens, qui, en leur qualité de membres du souve-» rain, doivent tous également concourir à la forma-» tion de la loi.

» *Pouvoir exécutif* exercé par un ou plusieurs citoyens, » — élus pour un certain temps, — responsables de » leurs actes gouvernementaux, — et révocables pour » mauvaise gestion ou malversation.

» *Assemblée* (1) de citoyens élus par la nation pour

(1) Un mot sur deux opinions soutenues par quelques ré-publicains. Les uns veulent une seule assemblée, les autres en veulent deux. Nous ne sommes de l'avis ni de ceux-ci, ni de ceux-là. Expliquons-nous. Les uns et les autres partent de ce point, que le gouvernement est représentatif. Or, nous ne vou-lons en aucune façon de représentation du souverain ; car évidemment les déclarations d'une ou de plusieurs assemblées de représentans ne peuvent pas être regardées comme propres au souverain, et n'ont plus, par conséquent, le caractère gé-néral d'une loi. Et d'ailleurs, aux partisans du régime repré-sentatif qui veulent *une seule* assemblée, nous objecterions que la liberté et l'égalité courraient là trop de périls ; à ceux qui croient que *deux* assemblées offriraient moins d'inconvéniens sous ce rapport, nous répondrions qu'elles en présenteraient une foule d'autres tout aussi graves, et, pour n'en citer qu'un,

» s'occuper du travail de la législation, et faire pré-
» senter à la sanction du souverain les projets qu'ils
» auront arrêtés. »

le défaut d'harmonie entre les deux assemblées qui compose-
raient le pouvoir législatif, peut jeter dans la cité des fermens
de division et de discorde, et entraîner une anarchie et un
désordre funestes aux intérêts sociaux. Et puis la nature même
de ce pouvoir ne lui permet pas d'être scindé en plusieurs
parties. Il est essentiellement unitaire. On ne prouvera jamais
que son unité sera maintenue lorsque deux assemblées indé-
pendantes l'une de l'autre, et la plupart du temps animées
d'un esprit différent, formeront ce qu'on appellera le corps
législatif.

FIN.

BESANÇON. — IMPRIMERIE DE CH. DEIS.